I0830551

Autoayuda

Juan Ricardo Díaz, MFT

Construyendo la Homosexualidad

Primer ensayo psicológico: intentando entender posibles orígenes de la homosexualidad

A mi hijo Ricardo Alejandro,
con todo mi amor

Contenido

Agradecimientos

A mi hijo Ricardo, por todas esas largas caminatas debatiendo sanamente acerca de estos temas.

A todas aquellas personas que practican conductas homosexuales, a las cuales he atendido a lo largo de los últimos veinte años de vida profesional.

A Julio y todas mis amistades, quienes me suministraron experiencias de vida desde lo más profundo de su intimidad, haciendo posible de alguna manera corroborar las ideas aquí descritas.

Introducción

El hecho de haber sido molestado sexualmente por otro niño mayor que yo antes de los cinco años, me hizo crecer con la idea de que, en cualquier momento, podía "volverme homosexual".

Esas tempranas experiencias sexuales que fueron más allá de la natural exploración sexual infantil, me crearon una sed insaciable de querer entender el origen de la homosexualidad. Esto con la idea de poder descartarla y eliminar esa angustia que me causaba, porque iba en contra de mis ideas religiosas primarias.

Cuando tenía once años, fui a la biblioteca de mi casa buscando las respuestas a mis tempranas conductas sexuales. Allí, me encontré con todos los textos de estudio de mi madre, quien es médico psiquiatra. Entre ellos, tenía las obras completas de Freud, las cuales leí de cabo a rabo y, aún hoy, las tengo en mi poder. Doy gracias a Freud y a Mamayeya, mi amada madre, por tan grande aporte a mi autoexploración y comprensión.

Imaginen el cuadro de mi vida por un momento. Mi sexualidad fue despertada antes de los cinco años y ya a los seis me masturbaba cada vez que encontraba una oportunidad. Era un niño de familia católica, mis dos abuelas eran prácticamente monjas y estudiaba en un colegio de sacerdotes. Todo ello inculcó en mí un mensaje religioso que castraba y maldecía los deseos sexuales, sobre todo si eran homosexuales. Para ponerle la tapa al frasco, mi familia estaba compuesta por un padre homofóbico y, como lo dije líneas atrás, una madre médico psiquiatra. Un interesante cuadro.

Después de años teniendo dudas sobre la sexualidad y en la búsqueda de intimidad con ambos sexos, a los doce años, se me dio más natural –y por convicción– definirme como una persona heterosexual. Por un tiempo, acaricié la idea de practicar la bisexualidad; sin embargo, me di cuenta de que no me gustan los hombres y sentía un fuerte deseo carnal hacia el sexo opuesto.

En el camino, y no por casualidad, mis mejores amigos eran homosexuales. Aunque no tuve ningún encuentro sexual con ellos, a través de ellos, vivía sus experiencias y vivencias. Conocí de primera mano sus gustos, ideas, pensamientos y diversiones; así como sus sufrimientos y decepciones. De algún modo, al estar "reprimiendo" mis supuestos deseos homosexuales, atraía este tipo de personas a mi vida, lo cual, agradezco y estimo.

Mi amigo Julio, a quien siempre he querido como un hermano, me dio el empujón definitivo a la heterosexualidad cuando me dijo: "*Nino*, tú eres todo lo opuesto a un homosexual. La forma en que te vistes, hablas, piensas y lo que sientes cuando ves a una mujer descarta cualquier cosa". Según Julio, los hombres que practican la homosexualidad saben mucho de calzado y, aparentemente, yo tengo mal gusto en eso. Tenía alrededor de dieciséis años y ya había tenido tres parejas heterosexuales.

Espero poder dejar plasmado con exactitud todo lo que aprendí a lo largo de más de treinta años de amistad con homosexuales y de mis propias experiencias sexuales para aportar algo a la sexualidad de los lectores. ¡Dios los bendiga a todos!

La fórmula

Hay veces en que pienso que tratar de encasillar una idea o un concepto que resuma un todo para todos puede ser un error; pero también pienso que por algún lado hay que comenzar.

Después de muchos años de investigación, lecturas y conversaciones, llegué a la conclusión de que, en la mayoría de los casos, la persona homosexual se hace, no nace. Solo al uno por ciento de la población que practica la homosexualidad se le puede adherir la etiqueta de la predisposición genética como causante primario de la desviación.

La mayoría –por no decir todas– de las personas homosexuales que he tenido la dicha de conocer y con las que he podido compartir muchos ratos agradables me han hecho la misma confesión: piensan que nacieron homosexuales. Han conversado también entre ellos y coinciden que, desde que tienen uso de razón, han sentido atracción por personas del mismo sexo.

Después de que termine de explicar la fórmula, espero que quede aclarado todo este asunto.

Desde mi óptica, deben existir tres elementos precisos y claros en la formación de la preferencia sexual homosexual:

- El primero es la existencia de una niñez tortuosa, en la que el individuo ha sido molestado o abusado sexualmente, especialmente antes de los seis años.

- El segundo elemento es la presencia de una madre castrante, dominante, controladora y fálica, tal como las identificó Freud. Generalmente, la madre es la figura principal en la niñez del individuo analizado.

- El tercer elemento es un padre ausente y distante con el que el individuo mantiene un conflicto. También puede ser un padre intimidante, lo cual ocasiona un distanciamiento emocional.

Esta fórmula se aplica para hombres; por otro lado, la fórmula de las mujeres puede invertir los roles de los padres.

Fórmula= Historia + Mamá + Papá

Pablo

Conocí a Pablo cuando tenía trece años; teníamos muchas cosas en común: una madre sobreprotectora y cariñosa más un padre ausente, agresivo y mujeriego. Al igual que yo, Pablo era el menor de sus hermanos. Su hermano mayor practicaba la heterosexualidad; aun así, lucía ademanes marcados de feminidad. Los tres hermanos se comportaban de una forma notoriamente amanerada.

Con los años, descubrí varias cosas de ellos. A pesar de haber vivido traumas y abusos parecidos a sus otros dos hermanos menores, el hermano mayor escogió la heterosexualidad. El hermano del medio trató con empeño ser heterosexual, pero, a su pesar, escogió el camino reprobable de la pederastia.

El menor de todos, mi gran amigo Pablo, desde muy niño, descubrió su inclinación hacia la práctica de la homosexualidad. Él sabía que se sentía atraído por el mismo sexo, pero no dio rienda suelta a sus deseos carnales hasta pasados los diecisiete años, cuando tuvo su primer romance con Roberto, con quien aún mantiene una amistad.

Desde muy temprana edad, los tres hermanos sufrieron abusos sexuales cometidos por un hombre de confianza de la familia. Pablo no lo recuerda conscientemente, pero los otros dos hermanos sí lo hacen. De hecho, nunca comentaron entre ellos que también los hermanos mayores abusaron de los menores como producto de esa horrible experiencia sexual.

La mamá, a quien consideré casi una madre para mí, era de carácter fuerte. No solo era controladora, sino que era bastante intimidante. Como madre y esposa, parecía el hombre de la casa. Se pudiese decir que "llevaba los pantalones en el hogar".

El padre era un hombre exitoso en los negocios, jovial, mujeriego y dicharachero; sin embargo, era bastante pasivo en su relación matrimonial y en el trato con sus tres hijos varones. Tocaba la guitarra y bebía ron. Los chicos acudían al padre para la parte financiera y los negocios de la familia; no obstante, en el ámbito emocional y sentimental, recurrían a la madre.

La posición en que nacemos con respecto a nuestros hermanos es imperativa en cómo vamos a percibir los eventos que nos suceden, incluyendo los traumas. Esto pudiese explicar las diferencias entre hermanos de un mismo hogar. No es materia de este ensayo ahondar en este tema, pero me parece pertinente recomendar *El libro del orden de nacimiento* del Dr. Kevin Leman.

Historia de abuso

Antes de desarrollar el tema, es importante saber qué se entiende como abuso sexual a un menor. Fuera de los parámetros esperados para su edad, cualquier acto que active o erotice la mente y los órganos sexuales de un niño puede ser considerado abuso sexual.

Por naturaleza, todos los seres humanos somos seres sexuales y sentimos diferentes tipos de deseos; no obstante, a temprana edad, no se tiene conciencia por completo del placer sexual. Desde muy temprana edad, el niño puede tocarse y estimular su pene, pero no va a ser catalogado como una masturbación, pues su finalidad no es ni eyacular ni tener un orgasmo, lo hace por simple búsqueda del placer momentáneo o temporal sin ningún motivo morboso. Esto último sucede biológicamente después del desarrollo.

Ahora, más allá del tocamiento de la edad, el niño que busca placer y se erotiza a sí mismo con intenciones de tener contacto sexual con otra persona puede ser considerado un niño que ha sido molestado o abusado sexualmente. Si, además, esta búsqueda va acompañada de algún estimulo visual, auditivo o de roce, incluso con texturas u objetos; se puede sospechar de la presencia de ese despertar prematuro de la actividad sexual.

Existen múltiples formas de abuso sexual infantil: hablarles de temas y situaciones sexuales de manera no apropiada para su edad, mostrarles pornografía (fotos de libros, revistas o en dispositivos tecnológicos), leerles relatos eróticos gráficos o tocarlos en sus partes privadas y erógenas.

La inocencia del niño no permite que sepa defenderse de esa agresión. Si los padres o quienes cuidan no lo han entrenado con temas sexuales y comunicativos sobre cómo defenderse de ese tipo de situaciones, será bastante difícil que el niño sepa qué hacer. Asimismo, es importante hacerle saber que esas situaciones no están bien, pues van en contra de su voluntad. Debido a su inmadurez, un niño pequeño no tiene ni discernimiento ni la voluntad de decir que no. Es un irrespeto y una clara violación de sus derechos naturales y de su privacidad.

En principio, cuando un adulto molesta a un niño, no hay penetración, sino tocamientos, frotes y, en algunos casos, sexo oral. En otros casos, el pederasta busca ser penetrado por el niño. Por su parte, cuando el abuso viene de parte de otro niño o muchacho joven, es muy común que haya intento de penetración, esto sucede por la falta de razonamiento de poder causar heridas a la víctima y poder quedar al descubierto el abuso.

Muchos de los homosexuales entrevistados para la elaboración de este ensayo no recuerdan su niñez y muchos niegan haber sido abusados. Varios de los atendidos fueron sometidos a sesiones de hipnoterapia sin antes decirles qué se estaba buscando. Todos, sin excepción, lograron recordar los abusos.

Existe un grupo de profesionales de la salud mental que abogan en contra de la hipnosis por la supuesta existencia de memorias falsas, pero, en mi experiencia profesional de más de veinte años, he podido constatar que las memorias falsas pueden no ser tales. Pienso que la mente no tiene necesidad alguna de crear ese tipo de recuerdos dolorosos y traumáticos.

Para que se tenga una idea, la pregunta en medio del trance hipnótico siempre fue la misma, pero estructurada de manera distinta: ¿cuándo fue la primera vez que sintió deseo sexual?, ¿recuerda la primera vez que tuvo contacto sexual? La manera en que se desplegaron las respuestas emocionales de las personas tratadas dan un fundamento sólido y concreto para pensar que la historia de abuso tiene que estar presente como parte de la definición sexual. Es importante aclarar que, en la mayoría de los casos, las respuestas comenzaron a darse después de varias sesiones de hipnosis. En pocos casos, las respuestas se dieron en la primera sesión.

No es materia de este ensayo entrar en los pormenores de las técnicas psicodinámicas e hipnosis, sino plantear una hipótesis que pueda ayudar a las personas a comprender mejor su orientación sexual y discernir qué es lo que realmente desea para su vida.

No ha habido ni un solo caso que haya llegado a mis manos en el que el o la abusadora no haya sido una persona conocida y familiar del niño. Con eso nos referimos a padre, madre, abuelos, tíos o padrinos. Son personas que tienen fácil acceso al niño y la posibilidad de permanecer tiempo suficiente para hacer sus fechorías y dejar volar sus bajas pasiones. Cuando el abuso es cometido por otro niño o joven, queda claro que ese otro niño o joven también fue molestado, lo que explica su conducta sin justificación. Estamos hablando de hermanos, primos, vecinos o mejores amigos.

El punto aquí es aclarar que es poco probable que el abusador sea un desconocido o un extraño. Además, el abuso no ocurre una sola vez, es recurrente. No creo que por una sola vez que un niño sea molestado se pueda determinar su sexualidad para siempre. Lo más importante es dejar en claro que, como consecuencia del abuso y de la crianza a la cual fue sometida, la persona perdió su derecho natural de poder escoger su orientación sexual.

Pese a que puede ser muy atrevido, el planteamiento es poder ofrecer una segunda oportunidad a todas las personas sometidas a estos abusos y logren redefinir, en caso de que así lo deseen, su orientación sexual, teniendo claro que no fue su decisión, sino que otra persona lo hizo largo tiempo atrás. Muchas de las personas entrevistadas compartieron su deseo de seguir practicando la homosexualidad, puesto que están a gusto y de acuerdo con su sexualidad. No se visualizan de otra manera. Pienso que hay que respetar su definición y gusto, pero no por eso se va a dejar de ofrecer la oportunidad de redefinición por elección.

El cambio que queremos ofrecer no está relacionado a algo moral o religioso. Se trata de ofrecer la posibilidad de redescubrir lo que realmente hay en la esencia de cada ser humano. Pienso que Dios no se equivoca y, si nos creó con un sexo particular, por algo fue. Está en nosotros, en nuestras decisiones qué hacer con los que Dios nos dio al nacer. También creo entender que, si el planteamiento que aquí hago es cierto, entonces esa persona perdió la oportunidad de poder escoger su inclinación sexual y, después de tantos años practicándola, es bastante difícil poder sentir deseo o placer a hacerlo diferente.

Repetiré hasta el cansancio o el hastío de muchos que la sexualidad es una conducta, no una forma de ser. Como conducta, se puede cambiar, mejorar y hacerla aparecer o desaparecer. Si bien este planteamiento conductual es científicamente cierto, entonces ¿por qué la terquedad de querer imponer un supuesto tercer sexo? ¿por qué tengo que buscar sentirme orgulloso de mi sexualidad si mi sexualidad no define quién soy, solo habla de un gusto o una preferencia de una actividad?

A todas las personas que se autodefinen como *gay* u homosexual yo les digo:

No eres tu sexualidad ni tus preferencias. No eres quien te gusta ni a quienes quieres. Todas esas cosas no te definen como persona, menos las preferencias sexuales que te fueron impuestas en contra de tu voluntad y libre albedrío. Todas esas cosas son cosas que tú haces, no quién eres. Son conductas, comportamientos, y como tales, se pueden cambiar si así lo deseas.

Habrá muchas personas que abogan en contra de este planteamiento aludiendo que la homosexualidad va más allá de la conducta sexual, porque ellos sienten amor hacia la otra persona.

Como podrán comprender, se necesitan libros completos para barajear solo esa idea. El punto importante es destacar y recalcar que la homosexualidad solo define la preferencia sexual de una persona, no define a la persona en sí. Pienso que la persona homosexual, al haber estado condenada por gran parte de la sociedad, va a sentirse automáticamente rechazada por su entorno social, sobre todo por su propia familia. Esto último le puede causar un dolor emocional intenso y propenso a depresiones.

Me parece interesante estudiar los datos estadísticos acerca de la incidencia del uso de sustancias, ansiedad y depresión en esta población. Todo lo que he leído hasta ahora evidencia que, por lo menos treinta y cinco por ciento de la población homosexual, es más proclive al uso de alcohol, drogas y a la ansiedad, depresión y suicidio por encima de la población heterosexual. Todo esto parece digno de considerar.

Sebastián

Sus padres se conocieron en la escuela secundaria. Desde ese entonces, formaron una unión amorosa por décadas. Cuando pudieron, ataron nupcias y tuvieron a su primer hijo varón. Era un bebé precioso.

El mejor amigo del padre de Sebastián fue nombrado padrino de bautizo del pequeño y, desde entonces, se hizo cargo de todas las deficiencias económicas, debido a que a sus padres no les iba muy bien en el plano financiero. Cada vez que podía, el padrino cubría gastos necesarios –e innecesarios– para Sebastián. Cuando los padres salían, el padrino lo cuidaba. En muchas ocasiones el mismo padrino lo pasaba buscando en casa para llevarlo a comer y comprarle juguetes y ropa. En medio de varios de esos viajes de infortunio, el padrino lo llevaba a su casa y le invitaba a acostarse a descansar con el.

No es necesario ser muy perspicaz para adivinar qué pasó durante años entre ese padrino y su ahijado, casi frente a las miradas atónitas y confiadas de sus compadres. Cuando cosas horríficas como estas suceden, la "elección" de la homosexualidad no es optativa. El niño no tiene opción de descubrir y escoger sus gustos sexuales a edades pertinentes. Se le enseña y entrena a disfrutar de las relaciones sexuales con el mismo sexo, a sentir "amor" por esa persona despiadada, pero mantenido en el transcurso del tiempo. Es muy difícil detener el tren del abuso.

Atendí el caso de Sebastián cuando le dejó saber a sus padres que practicaba la homosexualidad.

Indagando un poco más en este caso, me enteré de que la persona había sido abusada por su padrino, el mejor amigo de los padres. Sebastián tiene veinte años y constató que fue abusado por ese padrino desde antes de los cinco.

Este tipo de casos no solo corrobora mi teoría de la formación de la homosexualidad por experiencias vividas a temprana edad, sino que, de cierta manera, también demuestra la injusticia que ocurre en dichos episodios. Cuando el niño es sometido a este tipo de contacto sexual desde muy temprana edad, en la que su sexualidad no está lista para ser desarrollada ni física ni psicológica ni emocionalmente; ese niño pierde su derecho universal y natural del respeto a su libre albedrío de seleccionar su sexualidad.

Prácticamente se le empuja u obliga a seleccionar la homosexualidad como el camino a seguir en su tendencia sexual. Allí pierde toda posibilidad y derecho de verdaderamente poder escoger cual orientación desea tener.

Haciendo una comparación por contraste, vamos a dibujar con palabras el cuadro de una lejana utopía: si una persona creciese en un hogar funcional, donde no haya habido excesos de cualquiera de los tipos de abusos (físico, psicológico, emocional y sexual) y, además, se haya vivido en una atmosfera de armonía, amor y respeto; es prácticamente imposible la aparición de deseos sexuales hacia el mismo sexo.

Quiero formar polémica para abrir diálogo en este tópico y poder trabajar en conjunto con las personas interesadas en ayudar a las personas a desarrollar un verdadero proceso de toma de decisión en orientación sexual, no impuesto por los abusadores y hogares disfuncionales.

Para que el punto quede claro, a mí me parece que somos seres sexuales por naturaleza. Sin que nadie nos lo enseñe, queremos, deseamos y buscamos contacto sexual. Sin la existencia de reglas y valores, viviésemos en una cultura sin prohibiciones de sexo y cualquier persona pudiese ser sometida a experiencias sexuales primerizas con cualquier sexo, objeto, animal o persona y pudiese sentir placer sexual, el cual puede crear satisfacción y gusto hacia ese elemento con connotación sexual.

Visto de otra forma, sin los filtros ya preestablecidos por nuestra cultura, familia y religiones, todos los seres humanos nos hubiésemos sometido a experiencias sexuales con personas de nuestro mismo sexo y nos pudiese haber gustado. El contacto sexual es apetecible para la carne humana. Somos seres sexuales por naturaleza. No digo todo esto para apoyar las tesis de movimientos homosexuales, lésbicos o transexuales; sino para explicar el origen natural del gusto y deseo sexual por el mismo sexo.

El hecho de que a una persona le guste tener relaciones sexuales con otra persona de su mismo sexo no justifica la aparición y mantenimiento de un movimiento que promueva la aceptación social de esa condición.

Tal como lo mencioné con anterioridad, muchos de los homosexuales entrevistados se justificaron por la supuesta relación amorosa que se crea con esa persona del mismo sexo. Como psicoterapeuta experto en relaciones humanas, les puedo garantizar que cualquier persona puede llegar a desarrollar un verdadero y profundo amor hacia cualquier otra persona sin importar su sexo ni preferencias.

Cuando se une el desarrollo de una relación amorosa con las relaciones sexuales, se forma la ensalada de conceptos y percepciones que desvían el verdadero sentido de las preferencias. Salvando las distancias, pongamos un ejemplo un tanto grotesco para hacer valer la idea.

Si tengo un animal doméstico en mi casa al que llego a querer muchísimo y, por razones que no vienen al caso, decido comenzar a tener relaciones sexuales con mi perro; voy a crear una relación íntima con él. Incluso, pueden florecer deseos de casarme con mi perro. Aquel que desarrolle una relación amorosa con alguien o algo y luego le incluya sexo a esa relación, le agrega una perspectiva más profunda. No obstante, nada de esto justifica que proceda a querer cambiar el curso natural de las cosas e imponer a la sociedad que tienen que aceptar un matrimonio con un perro.

El abrir la puerta a la posibilidad de que la sociedad acepte una condición del comportamiento humano puede traer como consecuencia que se cumplan otras aberraciones aún más dañinas para el sano funcionamiento social y moral del colectivo.

¿Hasta cuándo vamos a permitir afectar a la mayoría por una minoría que realmente no conoce o no quiere conocer las verdaderas consecuencias de sus actos?

La Madre y el Padre

Mientras más estudio la composición básica de las familias, más me sorprende el enorme efecto que podemos tener los padres sobre nuestros hijos; pero, antes de desarrollar este planteamiento, es importante tener como base algunas ideas que nos ayudarán a nivelar la situación.

En principio, como padre, creo comprender lo difícil y engorroso que es este proceso de criar hijos; pues, nadie nos entrenó ni nos enseñó a comportarnos como padres. Lo poco que sabemos, lo sabemos de nuestros padres, quienes, a su vez, tampoco tuvieron a alguien que les enseñara. Así, al igual que nosotros, fueron muchos los errores que cometieron.

En segundo lugar, todos los seres humanos que estamos envueltos en esto, estamos en un constante proceso de aprendizaje. No existe un puerto de llegada, siempre vamos a estar aprendiendo y siempre habrá otras cosas que aprender. Por esto, es conveniente abrirse a este proceso con mente flexible, dispuesta a aprender y comprender que no tenemos por qué saber las respuestas de todas las interrogantes de la vida. Seamos siempre aprendices.

En tercer lugar, propongo que, para poder ser fieles a la verdad, todos los padres debemos tener un compromiso serio y determinado a aprender acerca de esta ardua labor a través de todos los medios que dispongamos.

A los padres de hoy en día, se nos hace mucho más fácil que a las generaciones anteriores, tanto por el volumen de información que podemos llegar a manejar como por facilidad para su acceso. En la punta de nuestros dedos está la biblioteca o centro de información más grande del mundo: el Internet. Existen miles de libros que hablan sobre el tema. Los autores son profesionales que se dedican a ayudar y guiar a los padres en este proceso. Además de libros, también existen seminarios, talleres, videos y programas de radio y televisión sobre el tópico.

Siempre he dicho que, si queremos prepararnos para cualquier carrera universitaria, tenemos que estudiar mucho durante años; asimismo, debemos dedicarle muchas horas de estudio y práctica para poder ejercer cualquier labor. Pero ¿por qué para ser padres nos lanzamos sin saber nada y todo se vuelve ensayo y error? ¿Acaso esta labor no es más importante que cualquier otra cosa que hagamos?

Espero haber podio establecer el punto de que ser padres es complicado y, en ningún momento, pretendo criticar o juzgar la loable labor que muchos padres han hecho y continúan haciendo con sus hijos. Es mucho más fácil equivocarse que hacerlo bien. Si fuese tan fácil y sencillo, todos lo harían bien.

Ya cubiertas las primeras bases de sinceridad, ahora sí quiero resaltar, para lo que a mi entender puede suceder en los hogares en los que salen personas con preferencias sexuales hacia su mismo sexo.

En líneas generales, la madre va a ser una figura principal, donde fácilmente puede abarcar más del noventa por ciento de las actividades y contacto con el hijo. Esto es bastante común en muchos hogares, pero son algunas de las cualidades de la madre lo que puede ayudar o colaborar para la formación de dichas preferencias. Por lo general, la madre tiene que poseer características de dominio. Este dominio se puede presentar como posesión y control. Hay madres que no lucen de esta manera, pero son pasivas dominantes.

En la mayoría de los casos analizados, pude constatar que la madre también fue víctima de abuso sexual a temprana edad. En terapia familiar sistémica, se estudia la fuerte incidencia que la madre tiene dentro del círculo familiar y las experiencias vividas por los miembros de esa familia. En pocas palabras, la historia se repite una y otra vez.

Es importante recordar que, por el hecho de que una de las características o un ingrediente de la llamada fórmula esté presente, no indica que la persona va a terminar orientando su sexualidad hacia el mismo sexo. En este planteamiento, afirmo que se tienen que unir todos los elementos para poder garantizar el resultado final.

Para darle profundidad psicológica al planteamiento de las características de la madre, hay que recordar las psicodinámicas, las cuales apuntan hacia los sistemas de compensación consciente e inconsciente de la mente. En este caso, se puede decir que el niño se identifica directamente con la madre por ser la figura de amor y protección; en el mismo sentido, desea todo de ella, hasta el punto de querer ser como ella. Es importante resaltar que todo esto sucede a un nivel inconsciente; por otro lado, a nivel consciente, la persona niega este deseo. No hay necesidad de que el niño quiera ser mujer, desea sentirse identificado con el lado femenino, pues, desde un ámbito inconsciente, puede repeler su lado masculino como posible reacción contra la carencia amorosa y protectora del padre.

A todo lo anterior, hay que añadirle la repulsión sexual de la persona que cometió el abuso. Por lo regular, se trata de un hombre que abusa de un niño. Por un lado, el niño aprende su sexualidad, su excitabilidad sexual con su mismo sexo, pero, por otro lado, el niño no quiere ser como ese hombre o persona que lo molestó y se va hacia el opuesto. Dependiendo de la personalidad innata de la persona abusada, se va a desprender la predilección sexual posterior; es decir, si le va a gustar tener relaciones con personas de su mismo sexo de forma activa, pasiva o ambas.

De la misma forma, se pudiese dar el caso de que el abuso haya sido perpetrado por una mujer. Este abuso causaría un rechazo de la figura femenina en cuanto a sexo se refiere. Bajo esta misma dinámica, también pueden salir los travestis y transexuales. A mi parecer, estos deben poseer una alta carga de moralidad o religiosidad aprendida en el hogar que no les permite aceptarse con esas preferencias sexuales, por lo que buscan una justificación: si se ven femeninos, entonces pueden atraer a los del sexo opuesto sin que haya ningún tipo de ambivalencia interna.

Esta teoría se apoya en el conocido caso de Caitlyn Jenner, cuyo padre era homofóbico y su madre tenía una alta carga de religiosidad. Todo ello nutría sustancialmente una necesidad psicológica y emocional de Jenner para convertirse en mujer y poder saciar su deseo homosexual, castrado por ambas figuras de crianza.

Por su lado, el padre va a ser una figura poco frecuente en la vida del niño con futuras preferencias homosexuales. Con esto quiero decir que, aun cuando el padre está presente, su ausencia puede ser psicológica, emocional y, sobre todo, sentimental. El niño puede sentir un rechazo de parte del padre. Se puede dar el caso en el que el padre puede estar ocultando, bien sea a manera consciente o inconsciente, su deseo reprimido de actos homosexuales, los cuales se exteriorizan en conductas homofóbicas.

Tal como lo planteé líneas atrás, pienso que es mucho más probable que las personas homosexuales provengan de hogares disfuncionales.

Enrique

Enrique creció en una familia católica suramericana. Su padre era médico y su madre se dedicaba a las labores del hogar. Era el segundo de cuatro hermanos y poco se sabe de sus historias infantiles, pero recuerda someramente haber sido molestado por alguien a temprana edad.

El papá siempre estaba en su consultorio atendiendo a sus pacientes y, cuando estaba en casa, se entretenía leyendo el periódico o viendo televisión, lo que hacía que tuviese muy poca interacción con sus hijos. La mamá era castradora en todo el sentido de la palabra. Cuando sus hijos estaban con ella, no se les permitía ser ellos mismos. Era una mujer controladora, pero con esa extraña mezcla de dulzura, amor y compasión acompañada del agrio sabor del control de las voluntades, se aseguraba que sus hijos estuviesen encarrilados durante de su presencia.

En su adolescencia, tuvo aventuras en su pueblo con amigos y conocidos que coincidían en sus mismas andanzas. Cuando se graduó, fue a estudiar al extranjero, ahí conoció a una persona con la que todavía mantiene una relación amorosa.

Otro ejemplo de programación (Construcción)

Una forma de demostrar que el planteamiento propuesto es posible, puede ser comparándolo con la formación de una persona pedante y demandante. Al igual que la persona que desarrolla deseos y atracciones por personas del mismo sexo, una persona insoportable y pedante también pasó por un proceso de crianza y abusos que le generaron traumas.

Pongo como ejemplo el caso de la niña Alicia. Alicia era la menor de sus hermanos. Hoy día, es adolescente. Creció en un hogar muy pudiente. A su hermano dos años mayor que ella le gustaba la música, pero detestaba a su hermana, pues, la considera malcriada y mal portada. Esta opinión es compartida por todos los que conocen a la niña, incluidos sus padres.

Tuve la dicha de conocer a esta niña cuando apenas tenía tres años. Desde ese entonces, pude observar el futuro drástico que le esperaba. Si se preguntan de dónde sacaba ese fatídico presagio, era algo muy fácil de estimar. La niña era coqueta e inteligente. Su familia se reía y festejaba todo lo que la niña hacía, sin importar si se trataba de algo que estuviese mal. Como su económica lo facilitaba, a Alicia le cumplían todos sus caprichos.

A este cuadro familiar se le suma la baja tolerancia del padre, quien era una persona mal hablada. El señor pasó años insultando a la niña por su mal comportamiento. Paradójicamente, eso que tanto se le criticaba era producto directo del consentimiento aunado al maltrato psicológico, físico y emocional.

Esa situación se mantuvo por casi una década, trayendo como resultado a una adolescente de actitudes pedantes desbordadas. Se puede considerar que la niña fue objeto de *bullying* dentro de su entorno familiar; primordialmente, por su padre bilógico, luego por la madre, y, de tanto en tanto, por su hermano mayor. De esta nefasta receta, no puede salir otra cosa que un ser humano que se siente detestado por las personas que lo deberían querer, respetar y aceptar. Ahora, responde al mundo y a las relaciones de manera hostil y prepotente.

El punto que quiero establecer es la demostración práctica de las conductas humanas: se arman a través del tiempo juntando los factores necesarios y esto aplica para prácticamente todo en la vida. Invito a los *nerds* o ratones de biblioteca como yo a investigar la epigenética, la cual plantea la combinación de las teorías genéticas. Heredamos biológicamente de nuestros padres las tendencias o predisposición a algo, sumado al proceso emocional de las experiencias y los aprendizajes vividos. Es fascinante comprender de dónde venimos y por qué somos como somos para entender hacia dónde podemos ir.

Cambios a voluntad

A toda la comunidad *gay* que lea estas ideas: mi más profundo respeto, admiración y amor.

El motivo de este ensayo no es pretender insinuar que algo está mal con sus deseos y orientación sexual; pues no soy quién para hacer eso. Mis intenciones son nobles y genuinas. Quiero abrir una puerta jamás antes abierta. La posibilidad de estudiar la oportunidad de redescubrir o afianzar las preferencias sexuales, entendiendo su verdadero origen y las consecuencias de su naturaleza.

En mi opinión, al igual que cualquier otra actividad sexual, la homosexualidad es la expresión de una conducta y las conductas no definen a la persona ni muestran lo que esa persona realmente es. El ser humano va mucho más allá de sus actos y conductas, pues estas son solo acciones y formas de responder a su medio ambiente. Me gusta diferenciar entre la conducta y el ser; todo lo que se pueda cambiar es conductual, lo que no se puede cambiar es su esencia.

Si así se desea, toda conducta y comportamiento humano se puede cambiar. Cambiando las ideas primaras que tenemos, conocidas como nuestros paradigmas primitivos, podemos cambiar cualquier conducta o actos que nos estén afectando la vida diaria. Me puedo imaginar que para muchos no hay ninguna clase de entorpecimiento con sus actividades homosexuales, pues logran ser bastante placenteras; no obstante, la interrogante viene de un plano espiritual, no carnal.

Ahora bien, si más que una forma de ser, la homosexualidad se puede considerar una forma de actuar o comportarse, entonces, si queremos y así lo decidimos, podemos cambiar esas conductas. En este punto, pido paciencia. Se debe terminar todo el planteamiento para después poder saltar a conclusiones.

¿Cuál voz estás escuchando hoy?

La técnica que propongo para aplicar en este tema es parecida a una técnica que ya existe en el mundo de la psicología. Trata sobre aprender a escuchar las diferentes voces que todos tenemos en nuestra mente. Muchas personas piensan y creen que solo las personas con trastornos mentales escuchan voces. Eso no es del todo cierto, pues todos nos hablamos a nosotros mismos y muchas veces podemos escuchar diferentes voces sin percatarnos de ello.

En el medio de nuestro cerebro, hay una estructura conocida como sistema límbico o cerebro emocional. Dicha estructura está compuesta por los elementos más primitivos que tiene el ser humano. Esa puede ser la razón por la cual esa parte del cerebro funciona instintivamente, de manera animal y no racional. Esa parte del cerebro solamente quiere saciarse de sus placeres y evita a toda costa todo aquello que la aleje del placer; es decir, todo lo que le puede producir dolor. Esto lo conocemos en lenguaje freudiano como el Id; en análisis transaccional se conoce como el estado de conciencia del niño.

En la parte más externa del cerebro, se encuentra la capa llamada corteza cerebral, la cual contiene los elementos más modernos y sofisticados de la estructura humana. Esto último es lo que realmente nos separa del mundo animal, aquí radica la razón y la conciencia. En la parte prefrontal, radica el juicio y discernimiento, el cual nos ayuda en el proceso de toma de decisiones y a diferenciar entre el bien y el mal; esta es la parte conocida como el superego freudiano. En la unión del lóbulo frontal y el parietal cercano al llamado cordón central o sensorio motor, se encuentra la parte de raciocinio lógico y comprensión de lo abstracto, ambas partes fundamentales en el proceso de toma de decisiones.

En resumen, el inconsciente radica estructuralmente entre el sistema límbico y el cerebelo, arropado por los lóbulos temporales. En otro orden de ideas, el consciente está distribuido en las diferentes zonas de la corteza cerebral. La voz de la conciencia espiritual pudiese estar localizada en esa misma corteza, en el hemisferio derecho, específicamente en la zona frontoparietal, mientras que la voz con las reglas y valores que delimitan nuestra conducta están en el hemisferio izquierdo, en la zona prefrontal.

Ahora bien, se tiene entendido que cada una de esas partes del cerebro tiene su propia voz. Tal como lo plantea la técnica del *Rational Recovery®* para la resolución definitiva de adicciones, se puede leer la forma cómo la voz interna juega un papel fundamental en el desenredo de los verdaderos orígenes de las conductas humanas.

La voz de la estructura interna primitiva y animal se puede reconocer porque suele hablarnos en tercera persona, por ejemplo: ¿a quién queremos engañar? ¡Sabemos bien que no vamos a hacer eso! Curiosamente puede hablarnos en esa tercera persona como si de una santísima trinidad se tratara. ¿Acaso no te has escuchado hablarte de esta manera en alguna ocasión? Sobre todo, en esos momentos en los que estás tratando de cambiar algún hábito o conducta negativa. Si no se han escuchado hablarse de esa manera, les recomiendo que comiencen a prestarse atención. ¡Les prometo que se sorprenderán!

En tanto que la voz del prefrontal, la cual nos habla en segunda persona, suele reconocerse por su firmeza y hasta rudeza en imponer la norma, el deber ser. La voz nos dice algo como esto: "Sabes bien que no puedes hacer eso, ¿quién te crees que eres?". Muchas veces nos puede proteger de cometer actos perjudiciales, pero si le damos rienda suelta, también nos puede enjuiciar de tal manera que nos enloquezca con un sinfín de reglas y deberes.

Ahora, la voz es nuestra verdadera naturaleza y nos guía por el camino de la superación. Asimismo, desea dar lo mejor de sí. Esa voz nos habla en primera persona y lo hace de manera dulce y tierna; nos dice cosas como: "Hoy voy a hacer eso y ya mañana será otro día, un día a la vez". Es la voz que llamo *el sabio interno*, la conciencia cristiana dentro de nosotros.

En el mundo de la psicología puede ser contraproducente la recomendación del dominio del deseo de la carne, escudándose en las posibles consecuencias de reprimir los deseos básicos e instintivos del ser humano. Pero solo aquellas personas evolucionadas espiritualmente concuerdan que es necesario matar la carne (deseos básicos) para que el espíritu evolucione. No me puedo imaginar a personas como la madre Teresa cediendo constantemente a los deseos de la carne. Ella tuvo que sacrificar lo terrenal para poder desarrollar su espiritualidad, en donde se busca el bien común y el amor.

Como cristiano, no puedo dejar de mencionar a Cristo, para quien no existe psicología alguna, pues su psicología es el mismo Dios. No obstante, con la creación del cerebro, nos dejó bien en claro y por escrito la ruta que hay que tomar para poder desarrollar el espíritu. Si leen las escrituras en los evangelios y en las epístolas, podrán notar que se encuentran todas las directrices necesarias para domar las otras dos voces y hablar con la verdadera voz: el verbo.

No sé si están de acuerdo conmigo, pero me parece que gran parte de la vida se trata de ese proceso de toma de decisiones y es con base en esas decisiones tomadas que nuestro destino se va armando a sí mismo. Pidiendo en oración a Dios que nos ilumine y nos guie en este arduo proceso de toma de decisiones, que sea siempre la verdadera voz la que hable por nosotros y por nuestros seres queridos, para dejar un verdadero legado a las próximas generaciones, quienes están a la tarea de reconstruir el mundo en que vivimos.

La invitación es a poner a nuestra corteza a trabajar horas extras, de ser necesario, y que aprendamos a dominar y controlar a ese cerebro primitivo que quiere hacer lo que le venga en gana y destruir nuestra existencia y hasta nuestra salvación. Creo que se trata más bien de domarlo y domesticarlo, con la ayuda de Dios, y hacer que nos obedezca, y poder someternos voluntariamente a la voz de la verdadera conciencia, la verdadera voz.

Les vuelvo a preguntar: ¿cuál voz están escuchando?

Entrando a la técnica en sí, hay que entender primero que esa voz que nos habla en segunda o tercera persona no es nuestra verdadera voz. Esas otras voces no quieren lo mejor para nosotros ni para nuestra familia ni seres queridos, tampoco para la sociedad en la que vivimos. Esas voces se suelen nutrir de mentiras y engaños, todo ello con la finalidad de sentir lo que ellas creen que nos puede dar placer. Ese mal llamado placer puede ser que en un comienzo te pueda hacer sentir bien, disfrutando, pero no estás pensando en lo que viene más adelante, en las consecuencias y en las repercusiones que tus acciones tienen en todo lo que te rodea, incluyendo a tu familia, tu sociedad y hasta el mundo entero.

Al aprender a separar esas voces de nuestra verdadera voz estaremos creando una diferencia enorme en nosotros como seres humanos, entendiendo, comprendiendo y aceptando la idea de que somos personas importantes en este planeta, en este plano de existencia. Del mismo modo, comprendemos que nuestras cosas tienen un impacto serio, directo e indirecto en el porvenir de un todo. No somos entes separados, todos somos uno. Es imposible no hacer algo en nosotros que, de algún modo, no afecte el ecosistema en el cual vivimos.

Hay un proverbio chino que dice que el movimiento o aleteo de una mariposa en oriente puede causar un tsunami en occidente. A esas voces les podemos poner un nombre diferente al nuestro o simplemente llamarlo "cosa": "La cosa esa me está hablando y quiere que haga esto o aquello". De esta manera, nos estaremos separando de ellas al entender que esas voces no nos definen como lo que verdaderamente somos: seres humanos llenos de amor, bondad y luz. Que existimos de algún modo para hacer el bien y dejar un legado que impacte positivamente a las generaciones futuras. Ese es nuestro legado.

Quiero que presten mucha atención de ahora en adelante cada vez que se digan cosas a sí mismos. Escuchen bien cuál voz les está hablando. Le pueden responder con firmeza y carácter. "¡No pienso seguir ese juego que me estás invitando a hacer, yo me mando en mi vida y solo quiero el bien para mí y los míos!"

Háganse cargo de la situación en todo momento, demuéstrenle y demuéstrense que ustedes pueden estar a cargo de su vida y que genuinamente les interesa lo que su vida va a dejar marcada en la vida de los demás y de los que están por venir. Hagan la diferencia.

El ser humano que vive solo para sí y para complacer sus bajas pasiones e instintos animales está destinado a vivir una vida vacía, sin sentido, llena de amarguras, desalientos, tristezas, depresiones y un final aturdido en su propia miseria. Va a ser engañado con pocos momentos de deleite que lo pueden hacer creer que todo irá bien, pero todos los que observamos la vida y a las personas sabemos que eso no es cierto. La vida de la persona que vive pendiente de sí misma, cuidándose, queriéndose, pero con todos los demás en mente, pensando cómo sus acciones y palabras pueden influenciar e impactar positivamente la vida de los que los rodean; está destinada a vivir una vida llena de plenitud, carácter, satisfacciones y, sobre todo, de paz y tranquilidad.

No quiere decir que esta persona no vaya a pasar por momentos oscuros, tristes y desoladores en su vida, pero sabrá salir de ellos de manera rápida, diferente y efectiva, manteniendo su frente en alto y con un sentido de ser que va más allá de su propia existencia. Es aprender a dejar legado.

La naturaleza, Dios, no se equivoca. Dios lo hizo todo perfecto y quedó satisfecho con su creación. Hombre y mujer, así los hizo y así será hasta el final.

La homosexualidad en la espiritualidad

En lo que refiere al plano espiritual, me parece que Dios
es bien claro y explícito en cuanto a las desviaciones
sexuales respecta: no son lícitas, no le agradan, las
aborrece. Todo lo que consista en ir en contra natura; es
decir, en contra de su creación perfecta y natural, rompe la
armonía hecha por Dios al principio de la creación.
Recordemos que Dios hizo a Adán y Eva, no a Adán y
Esteban.

Cabe destacar que la homosexualidad siempre fue vista
como una condición mental tipificada en el DSM (manual
de diagnóstico clínico). Fue en 1973 cuando, por
insistencia de varios profesionales y activistas, fue
removido de dicho manual sin pruebas clínicas suficientes
que comprobaran esta eliminación como condición. Como
psicólogo clínico, mi posición es que la conducta
homosexual es y siempre será una de las tantas parafilias
(desviaciones sexuales) producto de las experiencias
vividas y de la crianza de la persona; pues, la conducta
sexual se construye y aprende.

En realidad, por diversos motivos, no deseo ponerme
legalista. En primer lugar, me considero el más pecador de
todos. Si hay alguien con más imperfecciones y pecados
que los demás, yo me gané la lotería. Sin embargo, también
me la gané a través de Cristo con su perdón misericordioso
de su muerte, crucifixión y resurrección que hicieron que
todos nuestros pecados fuesen lavados y pagados. De esta

manera, ya no hay nada que nos impida compartir la perfección del cielo junto a Dios.

No obstante, esto no nos da permiso para seguir en pecado y desobediencia. El hecho de que a una persona le guste algo que va en contra de la voluntad de Dios, no significa que lo pueda hacer por su amor, puesto que, ahí estaría abusando de la gracia de Dios y tentando su divina misericordia. Si creemos en Dios y lo amamos, lo respetamos y hacemos el sacrificio de clavar nuestros deseos de la carne en la misma cruz que Cristo fue crucificado.

En segundo lugar, cuando generalmente se entra en temas sexuales con las creencias espirituales o religiosas, se crea una atmosfera negativa y defensiva en la persona que lee o escucha. Se activan todos los mecanismos de defensa, pues la persona se ve acorralada entre los principios morales y espirituales impuestos por Dios. La idea es todo lo contrario: crear apertura y sentido positivo para poder dialogar acerca de este tópico tan importante para muchas personas; no solo aplica para la persona que lo vive, sino también para sus familiares, amigos y la sociedad donde vive.

En ocasiones, explicando este planteamiento, he tenido que recordar las palabras de la Biblia que dice que no se deben tirar perlas a los cerdos, pues personas obstinadas solo desean hacer valer su punto sin dar permiso al debate abierto y objetivo. En lo que a mí me atañe, me parece que todas las declaraciones y leyes de Dios son máximas de amor. En ella nos sugiere, y hasta nos impone, ciertas conductas a seguir, puesto que conoce nuestra naturaleza de comportamiento, pero, dentro de su divina e infinita sabiduría y misericordia, entiende las verdaderas repercusiones de seguir ciertas conductas en contra de la forma natural que Dios mismo creó.

Pienso que Dios no hizo sus leyes y preceptos con el fin de limitarnos y castigarnos en caso de desobediencia. Se trata de lo opuesto; Dios es como el padre amoroso que le sugiere al niño que no camine al borde del precipicio, pues puede perder el balance y caerse con las respectivas consecuencias que eso acarrearía.

A veces reflexiono sobre el tema y se me ocurre que puede equivaler a que los asesinos se pongan de moda y quieran imponernos a reconocer y aceptar que lo que hacen está bien, porque en ellos se sienten bien y piensan que es lo natural y correcto. Ya sabemos que nadie tiene el derecho natural de privar a otra persona del don de vida. Dios creó la vida para vivirla y disfrutarla, pero, sobre todo, para conocerlo y darle gloria y alabanzas.

De igual manera, con toda esta diatriba del tópico de la homosexualidad, se pierde el punto más importante de las relaciones sexuales creadas por Dios. Dios hizo el sexo para que gocemos del profundo placer que causa intimar con la persona del sexo opuesto que amamos y que dispuso para nosotros, mostrándonos ese amor mutuo y profundo en sus niveles más sublimes y que, como consecuencia del amor, el fruto pueda ser la creación de una nueva vida.

El pene, con su forma fálica, erecta y recta, está anatómicamente diseñado para penetrar una vagina, la cual, a su vez, está sutilmente diseñada anatómicamente para recibir dicho pene. El ano solo se hizo para evacuar las heces de nuestro sistema digestivo; de lo contrario, también tuviese su sistema de lubricación natural y órganos capaces de reproducir y crear nueva vida. Aquí recomiendo la lectura de la carta de San Pablo a los Romanos en el capítulo siete, versículo quince en adelante.

En este orden de ideas, mi pregunta es la siguiente: ¿será posible concebir la idea de que exista un verdadero creyente en Dios que practique la homosexualidad? Asimismo, también puedo preguntar: ¿irán los homosexuales al cielo? Estas interrogantes se pueden responder por sí solas a través de la lectura de la Palabra de Dios. En consideración a las relaciones sexuales prohibidas por Dios, en el libro de Levítico, capítulo 18 del Antiguo Testamento se puede leer lo siguiente:

22 No te acostarás con un hombre como quien se acuesta con una mujer. Eso es una abominación.

Con este punto de partida, ya se puede comenzar diciendo que a Dios no le agrada ningún tipo de relaciones sexuales que no sean las que tiene un hombre con su esposa, su mujer, unidos en matrimonio. Todo lo que salga de esta fórmula no está acorde a la voluntad de Dios. Recordando que todos los mandamientos otorgados a los hombres por Dios, a través de Moisés, son una guía de cómo vivir para estar en paz con Dios, la humanidad y uno mismo. No solo se trata del acto de desobediencia hacia Dios por hacer lo contrario de sus requerimientos, sino también que, al hacer lo que Dios prohíbe, actuamos en contra de nuestra propia naturaleza y esencia.

En el mismo orden de ideas, en el Nuevo Testamento dice:

1 Corintios 6:9

¿No saben que los malvados no heredarán el reino de Dios? ¡No se dejen engañar! Ni los fornicarios, ni los idólatras, ni los adúlteros, ni los sodomitas, ni los pervertidos sexuales.

1 Corintios 6:18
Huyan de la inmoralidad sexual. Todos los demás pecados que una persona comete quedan fuera de su cuerpo; pero el que comete inmoralidades sexuales peca contra su propio cuerpo.

1 Timoteo 1:10
Para los adúlteros y los homosexuales, para los traficantes de esclavos, los embusteros y los que juran en falso. En fin, la ley es para todo lo que está en contra de la sana doctrina.

Me parece muy importante resaltar que, en la epístola a Timoteo, Pablo puso sobre una misma línea a los adúlteros y a los homosexuales, dando a entender que aquel que se deja llevar por sus bajos instintos de saciar los deseos de la carne en actos de adulterio es tan desobediente como el que se deja llevar por sus deseos carnales hacia una persona del mismo sexo.

Recordemos lo que sucedió con el pueblo que practicaba la homosexualidad según lo narra el Antiguo Testamento en el Libro de Jueces 19:21-23:

Hebreos 13:4
Tengan todos en alta estima el matrimonio y la fidelidad conyugal, porque Dios juzgará a los adúlteros y a todos los que cometen inmoralidades sexuales.

Y, por último, en el último libro de la Biblia, en Apocalipsis 21:8 dice:

Pero los cobardes, los incrédulos, los abominables, los asesinos, los que cometen inmoralidades sexuales, los que practican artes mágicas, los idólatras y todos los mentirosos recibirán como herencia el lago de fuego y azufre. Ésta es la segunda muerte.

No es relevante cuál es la debilidad frente a la carne, lo importante es no ceder a esa naturaleza pecaminosa que, de una forma u otra, todos poseemos dentro. Dios quiere que seamos puros y que nos abstengamos de condenar el cuerpo al ceder a los deseos.

Pienso que, debido a nuestra naturaleza pecaminosa, consecuencia directa del pecado original, todos los seres humanos nacemos con la predisposición de hacer todo lo malo. Aunque existan muchas opiniones encontradas a este tema, no se puede ignorar la realidad de que, en esencia, el hombre nace con su doble naturaleza: la divina, como hijo de Dios que quiere buscar a Dios; y la naturaleza pecaminosa, que desea y hace todo lo posible por seguir la voz del mundo, el pecado y la desobediencia a nuestro Creador.

Dicho de otra manera, según una interpretación extendida de la antes mencionada epigenética, casi todos los seres humanos nacemos con la predisposición a todos los tipos de neurosis y parafilias existentes. Dicha predisposición se activa debido a diferentes factores; no obstante, antes de ello, nuestro libre albedrío interviene permitiéndonos decidir si deseamos seguir el desarrollo y evolución de esas tendencias. Si la respuesta es afirmativa, se estaría siguiendo a la voz del mundo y a nuestra naturaleza pecaminosa. En el caso contrario, luchamos y nos esforzamos por seguir el camino de perfección que Dios justamente nos demanda.

Cuando hablo de lucha y esfuerzo, me refiero al hecho de que no es tan sencillo seguir este camino; pues, en la mayoría de los casos, lo fácil, tentador y a veces conveniente es seguir la naturaleza pecaminosa. Dios nos habla y nos deja saber de manera muy clara que no permite actividad sexual fuera del matrimonio de un hombre con una mujer. No se trata de que a Dios no le gusten los homosexuales, pues también son hijos de Dios. Dios aborrece al que no lucha contra su naturaleza pecaminosa y se deja llevar por sus deseos.

Siempre es positivo y reconfortante recordar que Dios odia el pecado, no al pecador. Por otro lado, Dios ama al pecador, pero desea que rectifique y se arrepienta de sus caminos torcidos. Vivir una vida acorde a los designios de Dios es muy difícil; nadie dijo que iba a ser fácil. A través de su hijo, Dios mismo nos dijo en Mateo 7:14:

Pero estrecha es la puerta y angosto el camino que conduce a la vida, y son pocos los que la encuentran.

Asimismo, en 1 Corintios 6:12 se puede leer claramente:

Todo me está permitido, pero no todo es para mi bien. Todo me está permitido, pero no dejaré que nada me domine.

Con esto se puede comprender que, pese a que tengamos la libertad para hacer lo que más nos plazca con la vida y orientación sexual, espiritualmente hablando, no nos conviene. Así, si se tiene la libertad para pecar, pero tenemos consciencia divina, debemos decidir en función a lo que dice nuestro Creador, no pecamos para agradar su voluntad y demostrar el inmenso aprecio y amor que le tenemos.

Por otro lado, la comunidad de homosexuales ha dado y continúa dando una gran batalla en contra de todo lo que señale que sus prácticas sexuales sean contrarias a la voluntad de Dios; se puede decir que se conciba como algo negativo y perjudicial para la persona que la practica.

Creo que el punto no es haberse formado con ciertas preferencias sexuales, sino más bien dejar que el deseo de la carne gane la batalla, pues es tan inmoral y en contra de Dios el hombre o la mujer que tiene relaciones sexuales fuera de su matrimonio con otra persona como lo es una persona con conducta homosexual al tener sexo con otra persona de su mismo sexo.

Por supuesto que puede existir un amor profundo y humano hacia una persona del mismo sexo; incluso, pueden agradarnos en demasía y podemos admirar a esa persona. No obstante, eso no quiere decir que se pueda establecer una relación romántica ni sexual con una persona del mismo sexo. Dios hizo hombre y mujer: Adán y Eva. Esta es la única fórmula natural que puede hacer cumplimiento del mandato divino de multiplicarnos y poblar la Tierra solo puede ser posible a través de la unión sexual de un hombre con una mujer.

Los homosexuales demuestran que están sumamente orgullosos y felices de decirlo abiertamente. Yo creo que lo que puede estar realmente ocurriendo detrás de ese supuesto orgullo es uno de los actos de rebeldía más comunes existentes en el ser humano y no hay que ser **gay** para revelarse ante Dios, pues todos lo hacemos de alguna manera u otra. Nos rebelamos contra la crítica, el rechazo de los demás y del hecho de que, supuestamente, no estamos siendo aceptado como somos; es decir, no nos están amando tal cual somos.

Si observamos con detenimiento esta posición, podremos constatar que no tiene el más mínimo sentido, pues ¿cómo se explicaría que Dios no ame a una de sus criaturas, a uno de sus hijos? Dios nos ama a todos por igual, él es el Padre perfecto, tan solo espera que vivamos una vida llena de agradecimiento y santidad, tal como lo específica en su santa palabra. De lo contrario, estaríamos viviendo egoístamente solo para nosotros y complacer nuestros deseos, olvidándonos del deseo de Dios.

Me parece que podemos comparar a un homosexual con un depredador sexual; pues, tal como un homosexual, un pedófilo que abuse de una pequeña criatura está cediendo a su deseo carnal de satisfacer su carne por una aberración aprendida durante su crianza, como posible consecuencia de un abuso sexual.

Como lo mencioné anteriormente, del mismo modo, una persona infiel es comparable con el depredador sexual, puesto que, cualquier persona que ceda a sus instintos básicos animales sexuales está siendo permisivo con su naturaleza carnal sin pensar en las consecuencias espirituales que esto pueda acarrear. Como solo Dios bien sabe, al hacer esto, caemos en desgracia ante sus ojos, pues nos ha comandado a mantenernos dentro de los límites preestablecidos para su gloria y nuestro propio beneficio.

Ahora bien, una pregunta interesante y obligatoria es: ¿Puede tanto el homosexual como el depredador o el heterosexual depravado vivir una vida recta cediendo lo menos posible a los deseos pecaminosos de la carne?

La respuesta es un rotundo sí. Si esa persona centra su vida en Cristo y le dedica el inmenso sacrificio de abstenerse a tener las relaciones sexuales que le provocan y solo hacer las permitidas, se le colmara su vida de bendiciones tanto en esta vida como después de ella. Claro está que la salvación no va a tener nada que ver con este sacrificio, pues la salvación solo viene por la fe en Jesucristo; no obstante, este acto demuestra una gran madurez espiritual, visión de vida después de esta vida y un eterno agradecimiento a Cristo por haber hecho su sacrificio por nosotros.

En el mismo sentido, pienso que lo que somos por esencia está más involucrado con nuestra espiritualidad y con la relación que guardamos con Dios, nuestro Creador. Hemos sido, somos y siempre seremos hijos e hijas de Dios. Como padre bueno y amante, siempre nos va a querer y aceptar con todas nuestras virtudes y defectos. De igual manera, como padre que nos ama, queriendo siempre lo mejor para nosotros, nos va a corregir cuando sea necesario y nos va a dar la oportunidad para cambiar esos actos o conductas que no son agradables para él.

Para consuelo de muchos, podemos leer la reflexión de Pablo en su carta a los romanos, capítulo quince:

[15] No entiendo lo que me pasa, pues no hago lo que quiero, sino lo que aborrezco. [16] Ahora bien, si hago lo que no quiero, estoy de acuerdo en que la ley es buena; [17] pero, en ese caso, ya no soy yo quien lo lleva a cabo, sino el pecado que habita en mí. [18] Yo sé que en mí, es decir, en mi naturaleza pecaminosa, nada bueno habita. Aunque deseo hacer lo bueno, no soy capaz de hacerlo. [19] De hecho, no hago el bien que quiero, sino el mal que no quiero. [20] Y, si hago lo que no quiero, ya no soy yo quien lo hace, sino el pecado que habita en mí.

De lo más profundo de mi corazón, espero que quede bien plasmado y clara la idea espiritual aquí planteada.

Gabriel

Hijo menor de padres divorciados. A sus tres años, Gabriel fue víctima de abuso sexual. En primer lugar, fue víctima de su abuela materna quien lo cuidaba mientras sus padres viajaban; en segundo lugar, fue víctima de un primo mayor que él. En los años subsiguientes, le continuaron sucediendo una serie de eventos desafortunados que le enseñaron todo acerca de sus supuestas preferencias sexuales.

Por ser de hogar católico casi extremo, estuvo peleando consigo mismo para no caer voluntariamente en actos homosexuales y fue hasta sus dieciocho años cuando ya no pudo seguir ocultando ni mintiéndose a sí mismo decidiendo probar suerte con otro hombre. Desde allí en adelante, le dejó saber claramente a toda su familia acerca de sus preferencias sexuales y comenzó a tener varias parejas del mismo sexo en los años venideros.

Su madre era controladora y castradora tanto en el ámbito emocional como en el religioso; así, constantemente, ponía a su hijo entre la espada y la pared. Por su parte, el padre estuvo físicamente durante un largo tiempo y, cuando estaba presente, no estaba emocionalmente para Gabriel.

Para cerrar la idea propuesta, resumo los puntos más importantes:

Para que una persona sienta la inclinación a tener una relación con una persona de su mismo sexo, necesariamente tiene que haber pasado por una historia de abuso sexual a temprana edad por una persona conocida –o no–. En el mismo sentido, este hecho tuvo que haberse repetido varias veces.

Por un lado, la figura de la madre, bien sea biológica o no, debe ser dominante, controladora y posesiva; por otro lado, el padre debe estar en discordia emocional y sentimental con su hijo, además debe estar ausente bien sea de manera física o emocional.

La persona que cometió el abuso obligó a la víctima a escoger esa preferencia sexual, pues, por primera vez y a temprana edad, le enseñó que se puede obtener placer sexual de esa manera y que llegar a sentir amor por el abusador.

El derecho a escoger su propia sexualidad se ve cortado y violado por esa persona, por lo que la persona abusada pierde su derecho natural a decidir qué quiere y desea hacer libremente con su sexualidad.

La idea es que la persona abusada aprenda a reeducar su mente y su cuerpo para que pueda realmente decidir qué quiere por sí sola y no impuesta por su historia. ¡Buen viaje de redescubrimiento!